Analiza książki

Władca Pierścieni
● ● ● ● ● ● ● ● ● ● ● ● ● ● ●

J. R. R. Tolkien

ANALIZA KSIĄŻKI

Napisany przez Jade Gathoye
Przetłumaczony przez Kâmil Kowalski

Władca Pierścieni

J. R. R. Tolkien

JOHN RONALD REUEL TOLKIEN   5

Angielski pisarz i językoznawca   5

WŁADCA PIERŚCIENI   7

Początki współczesnej fantastyki   7

STRESZCZENIE   9

Drużyna Pierścienia   9
Dwie Wieże *s*   14
Powrót Króla   18

STUDIUM POSTACI   23

Drużyna Pierścienia   23
Sojusznicy Drużyny   28
Wrogowie Drużyny   32

ANALIZA   35

Geneza "*Władcy Pierścieni*   35
Wpływy i inspiracje   36
Interpretacja opowieści   37
Miejsce *Władcy Pierścieni* w twórczości Tolkiena   38
Krytyczny odbiór i spuścizna   39

DALSZA REFLEKSJA   42

Kilka pytań do przemyślenia…   42

DALSZE CZYTANIE   44

Wydania źródłowe   44
Badania referencyjne   44
Adaptacje   44

JOHN RONALD REUEL TOLKIEN

ANGIELSKI PISARZ I JĘZYKOZNAWCA

- **Urodził się w Bloemfontein (RPA) w 1892 roku.**

- **Zmarł w Bournemouth (Wielka Brytania) w 1973 roku.**

- **Godne uwagi prace:**

  - *Hobbit* (1937), powieść dla dzieci

  - *Farmer Giles of Ham* (1949), powieść dla dzieci

  - *The Silmarillion* (1977), antologia

J. R. R. Tolkien był profesorem uniwersyteckim, który specjalizował się w lingwistyce i literaturze angielskiej; pasjonował się również językami starożytnymi, takimi jak staronordycki, i był pobożnym katolikiem. Studiował na Uniwersytecie Oksfordzkim i zaciągnął się do armii brytyjskiej podczas I wojny światowej, ale został odesłany do Anglii po zachorowaniu na gorączkę okopową. Ukończył studia w 1919 roku, a w 1925 roku został profesorem w Oksfordzie.

Chociaż zaczął pisać już w 1910 roku, jego pierwsza powieść; *Hobbit*, została opublikowana dopiero w 1937 roku. Ta powieść dla dzieci odniosła tak wielki sukces, że zachęciła Tolkiena do dalszego rozwijania stworzonego w niej uniwersum. To uniwersum, znane jako Śródziemie, stało się miejscem akcji jego kolejnej książki: *Władca Pierścieni* (1954-1955), która zwykle jest publikowana w trzech oddzielnych tomach. Niewiele prac Tolkiena zostało opublikowanych za jego życia, ale wiele jego notatek i szkiców zostało zredagowanych i opublikowanych przez jego syna Christophera (urodzonego w 1924 roku) po jego śmierci w 1973 roku.

WŁADCA PIERŚCIENI

POCZĄTKI WSPÓŁCZESNEJ FANTASTYKI

- **Gatunek:** powieść fantasy

- **Wydania referencyjne:**

  - Tolkien, J. R. R. (2009) *The Lord of the Rings: The Fellowship of the Ring*. London: HarperCollins.

  - Tolkien, J. R. R. (2009) *Władca Pierścieni: The Two Towers*. London: HarperCollins.

  - Tolkien, J. R. R. (2009) *The Lord of the Rings: The Return of the King*. London: HarperCollins.

- **Pierwsze wydanie:** 1954 i 1955 r.

- **Tematyka:** pochodzenie, dobro kontra zło, śmierć, nieśmiertelność, moc, współczucie, wolna wola

Władca Pierścieni był wynikiem niezmiernie długiego procesu pisania: Tolkien rozpoczął pisanie powieści w 1937 roku, a ukończył ją dopiero 12 lat później. W latach 1954-1955 została wydana w trzech tomach i w zamierzeniu miała być bezpośrednią kontynuacją historii opowiedzianej w *Hobbicie*. Jest również powiązana z wydarzeniami z *The Silmarillion* (1977), które mają miejsce w tym samym uniwersum. Tolkien pracował nieprzerwanie nad *The Silmarillion* przez wiele lat i kontynuował to podczas pisania *Władcy Pierścieni,* ale ta powieść została opublikowana dopiero po jego śmierci.

Władca Pierścieni opowiada o przygodach i perypetiach grupy hobbitów, którzy mają za zadanie zniszczyć pierścień należący do mrocznego władcy Saurona, gdyż tylko w ten sposób można pokonać tego potężnego nekromantę. Choć powieść początkowo spotkała się z niezbyt przychylnym przyjęciem krytyków, szybko zdobyła legiony oddanych fanów i od lat 60. XX wieku jest uważana za kamień milowy w fantastyce. W istocie, stała się inspiracją dla niezliczonych innych dzieł sztuki i literatury.

STRESZCZENIE

DRUŻYNA PIERŚCIENIA

Jeden pierścień, który rządzi nimi wszystkimi

Wiele wieków temu, w alternatywnej wersji naszego świata znanej jako Śródziemie, zły nekromanta o imieniu Sauron wykuł szereg magicznych pierścieni. Rozdał je wśród mieszkańców Śródziemia: trzy otrzymali władcy Elfów, sześć – krasnoludzcy lordowie, a dziewięć – ludzcy szlachcice. W tajemnicy wykuł jednak jeszcze jeden, znacznie potężniejszy pierścień, który był w stanie kontrolować wszystkie pozostałe, dając tym samym jego użytkownikowi ogromną moc. Oznaczało to, że dziewięciu ludzi zostało szybko skorumpowanych przez swoje pierścienie i stało się najpotężniejszymi sługami Saurona, znanymi jako Nazgûl.

Gdy mieszkańcy Śródziemia zdali sobie sprawę z zagrożenia, jakie ich czeka, zjednoczyli się w desperackiej próbie pokonania Saurona i udało im się oddzielić go od jego pierścienia. Jednak pierścień został zgubiony, a hobbit o imieniu Sméagol znalazł go później na dnie jeziora i postanowił zachować go dla siebie. Z czasem, Sméagol został opętany przez moc pierścienia, odizolował się w jaskini i stał się znany jako Gollum. Ostatecznie stracił pierścień, który określił jako jego "Skarb", w grze w zagadki z innym hobbitem nazwie Bilbo Baggins, który następnie przechowywał pierścień przez wiele lat. Historia Bilbo jest opowiedziana w całości we wcześniejszej powieści Tolkiena *Hobbit* i jest streszczona w prologu do *Władcy Pierścieni*.

Ucieczka z Shire

Historia *Władcy Pierścieni* rozpoczyna się, gdy Bilbo postanawia udać się w dalszą podróż i zapisuje swój magiczny pierścień (który ma moc sprawienia, że jego użytkownik staje się niewidzialny) swojemu siostrzeńcowi, Frodo Bagginsowi. Czarodziej Gandalf, który od dawna ma podejrzenia co do prawdziwej natury pierścienia, odkrywa, że jest to rzeczywiście Jeden Pierścień wykuty przez Saurona i że słudzy nekromanty schwytali i torturowali jego poprzedniego właściciela, Golluma. Gandalf odmawia wzięcia pierścienia, bo obawia się, że tak potężny mroczny artefakt może go skorumpować mimo dobrych intencji, więc prosi Froda, by stał się nosicielem pierścienia i zabrał go do Góry Przeznaczenia, która jest jedynym miejscem, gdzie pierścień może zostać zniszczony. Nazgûlowie szukają Pierścienia, a żeby im zbiec, Frodo jest zmuszony uciec ze swojego domu w Shire. Za radą Gandalfa udaje się do elfickiego miasta Rivendell, w którym towarzyszy mu jego wierny ogrodnik Samwise Gamgee i dwóch beztroskich młodych hobbitów o imieniu Merry i Pippin. W trakcie tej podróży czterech towarzyszy ma kilka bliskich spotkań z Nazgûli, którzy szukają pierścienia.

Ucieczka ze szponów Nazguli

Podróż Hobbitów prowadzi ich do lasu, gdzie zostają zaatakowani przez drzewo. Zostają jednak uratowani dzięki interwencji ducha natury zwanego Tomem Bombadilem, który jest tak stary jak sam świat i mieszka w lesie ze swoją żoną

Złotą Jagodą, innym duchem natury. Jest on również całkowicie odporny na moc Pierścienia. Ratuje hobbitów po raz drugi w Barrow-downs i pozostaje z nimi przez krótki czas, zanim zostawi ich z radą, by udali się do Bree i tam poszukali gospody Pod Rozbrykanym Kucykiem.

Po przybyciu do gospody, hobbici spotykają Strażnika (osobnik z innej ludzkiej cywilizacji) o imieniu Strider, który ostrzega Froda, że jego towarzysze nie są wystarczająco skryci o ich misji. Frodo otrzymuje również list od Gandalfa, który ostrzega go, aby był ostrożny i mówi mu, aby zaufać Striderowi, którego prawdziwe imię to Aragorn. Z pomocą Aragorna, hobbici są w stanie uniknąć kolejnego ataku Nazgûli i kontynuować swoją podróż. Jednak słudzy Saurona doganiają ich, gdy zatrzymują się na odpoczynek w Pogodnych Wzgórzach, a Frodo zostaje ranny podczas ataku. Rana, która została zadana przeklętym ostrzem, może być wyleczona tylko przez Elfy, więc grupa spieszy w kierunku celu, podczas gdy dołącza do nich posłaniec Gandalfa o imieniu Glorfindel. Gdy zbliżają się do Rivendell, Nazgûl atakują ich po raz kolejny, ale zostają odepchnięci przez gigantyczną falę wyczarowaną przez Elronda, Pana Rivendell.

Tymczasem Gandalf zbiera informacje o Pierścieniu. W tym czasie zostaje wezwany przez starszego czarodzieja o imieniu Saruman, który proponuje, aby obaj połączyli siły w celu przejęcia mocy Pierścienia. Gdy Gandalf odmawia, zostaje uwięziony na szczycie twierdzy Sarumana, Orthanc. Zostaje uratowany przez orła i spotyka hobbitów w Rivendell.

Drużyna Pierścienia

Frodo odzyskuje przytomność w Rivendell, jego rany zostały wyleczoneprzez Elronda w samą porę, aby uratować mu życie. W tym momencie zostaje zwołana rada, aby przedyskutować, co należy zrobić z Pierścieniem, a biorą w niej udział przedstawiciele wszystkich ras ziemi. Wiedząc, że Sauron nie może być pokonany, jeśli Pierścień nie zostanie zniszczony, Frodo sugeruje, że powinien dokończyć misję, na którą wyruszył: mianowicie zabrać Pierścień do Mordoru, królestwa Saurona, i tam wrzucić go w ogień Góry Przeznaczenia. Pozostali hobbici zgadzają się mu towarzyszyć, podobnie jak Gandalf i Aragorn, który zdradza, że jest potomkiem królów Gondoru, największego ludzkiego królestwa w Śródziemiu. Dołączają do nich także Boromir, syn obecnego zarządcy Gondoru; Legolas, książę elfów; i Gimli, krasnolud.

Bohaterowie wyruszają w drogę, ale po drodze są nękani przez szpiegów Saurona. Próbują wejść na górę, ale zmuszeni do zawrócenia, nie mają innego wyboru, muszą przejść przez kopalnie Moria, mimo że Gandalf, Aragorn i Legolas ostrzegają o wielu niebezpieczeństwach czających się w nich. Podczas ich czasu w kopalniach, natrafiają się na grób przywódcy krasnoludów, którzy kiedyś rządzili w tych jaskiniach, i znajdują dziennik, który ujawnia, że mieszkańcy zostali zaatakowani przez Orków (wojowniczy wyścig). Niedługo potem sami zostają zaatakowani i zmuszeni do ucieczki. Podczas gdy próbują pokonać przepaść – z Orkami wciąż w gorącym pościgu – zostają zaatakowani przez Balroga, starożytnego demona cienia, który drzemał w głębi Morii przez wiele lat, dopóki krasnoludzcy górnicy go nie obudzili. Gandalf zostaje z tyłu, by walczyć z Balrogiem i udaje mu się wysłać go w głąb przepaści, jednak on sam zostaje wciągnięty w dół wraz z nim. Drużyna, w podłych nastrojach kontynuuje swoją drogę, a Aragorn przejmuje przywództwo nad grupą.

Grupa następnie dociera do lasów królestwa Elfów Lothlórien, gdzie spotykają Galadrielę, nosicielkę jednego z trzech pierścieni danych Elfom. Galadriela sprawdza ich serca, co bardzo niepokoi Boromira. Boromir próbuje również przekonać pozostałych członków Drużyny do podróży przez Gondor, ale Aragorn odrzuca tę sugestię. Tymczasem Frodo i Sam mają kilka proroczych wizji w lustrze należącym do Galadrieli, które mówi im, że, podobnie jak Gandalf, obawiają się, że zostali opętani przez pierścień, mimo swoich dobrych intencji.

Zerwanie wspólnoty

Grupa kontynuuje swoją podróż łodzią i stopniowo uświadamia sobie, że są śledzeni przez Golluma. Kiedy zatrzymują się na odpoczynek, Frodo wycofuje się na chwilę i dołącza do niego Boromir, który mówi mu, że chce użyć mocy Pierścienia, aby pomóc wojskom Gondoru odeprzeć armie orków – które przysięgły wierność Sauronowi – próbujących zniszczyć ludzkie królestwo i rozszerzyć granice domeny ich pana. Boromir jest na krótko opanowany przez szaleństwo i próbuje wyrwać pierścień z rąk Frodo. Jednak Frodo używa go pierścienia, aby uczynić się niewidzialnym i znika. Boromir wraca do zmysłów i biegnie ostrzec Aragorna, że Frodo zniknął. Merry, Pippin i Sam natychmiast biegną, by go szukać, a Aragorn zleca Boromirowi odnalezienie wszystkich hobbitów i sprowadzenie ich w bezpiecznie miejsce. Ze wszystkich członków

Drużyny, tylko Samowi udaje się odnaleźć Frodo i ruszają dalej kierunku Góry Przeznaczenia razem.

DWIE WIEŻE *S*

Śledzenie hobbitów

Gandalf, który stracił życie w walce z Balrogiem, powraca do Śródziemia z większymi mocami, które teraz dorównują tym, którymi władał Saruman. Jego zadaniem jest zastąpienie Sarumana jako obrońcy świata, ponieważ Saruman został zdeprawowany i porzucił tę rolę. Gandalf przywołuje orła, by udać się do domu Galadrieli, gdzie dowiaduje się o wszystkim, co wydarzyło się od jego śmierci. Następnie wyrusza w pościg za Drużyną.

Aragorn znajduje Boromira na skraju śmierci, jego ciało jest podziurawione strzałami. W ostatnich chwilach Boromir zdoła mu powiedzieć, że Merry i Pippin zostali schwytani przez orków, którzy byli przekonani, że jeden z nich jest nosicielem Pierścienia. Aragorn, Legolas i Gimli postanawiają zatem spróbować ich odnaleźć. Po drodze spotykają bandę jeźdźców z Rohanu (mniejszego ludzkiego królestwa w Śródziemiu), którym przewodzi mężczyzna o imieniu Éomer. Jeźdźcy mówią im, że niedawno pokonali bandę orków, ale że nie było wśród nich hobbitów. Éomer pożycza pozostałym członkom Drużyny kilka koni, a grupa wraca na miejsce bitwy. Następnego ranka Aragornowi udaje się odnaleźć trop hobbitów, który prowadzi do lasu Fangorn. Kiedy docierają do lasu, spotykają się z Gandalfem, który mówi im, że Hobbici są bezpieczni, bo są teraz pod ochroną Ent (czujące drzewo) o imieniu Treebeard.

Drużyna postanawia udać się do Edoras, stolicy Rohanu, aby przekonać tamtejszych mieszkańców do walki z Sarumanem. Jednak po ich przybyciu odkrywają, że Théoden, król Rohanu, stał się niezwykle słaby i jest całkowicie w niewoli swegoskorumpowanego doradcy, Gríma Wormtongue. Gandalf jest w stanie użyć swoich mocy, aby przywrócić Théodena do jego dawnej postaci, a Gríma jest zmuszony do ucieczki. Aragorn ma również krótkie spotkanie z piękną Éowyn, która jest siostrą Éomera i w której Gríma jest zakochany. Théoden postanawia ruszyć na pomoc swoim ludziom, którzy są oblężeni przez siły Sarumana w Helmowym Gnieździe.

Ucieczka Sarumana i pokusa *palantiru*

Po wygraniu bitwy o Helmowe Gniazdo, grupa następnie udaje się do twierdzy Sarumana, Isengard, zamierzając pokonać czarodzieja raz na zawsze. Kiedy docierają na miejsce, odkrywają, że większość twierdzy została zniszczona przez Entów, znajdują Merry'ego i Pippina świętujących swoje zwycięstwo. Znajdują też Sarumana, a Gandalf staje przed nim, łamiąc jego laskę i wyganiając go. W tym momencie Gríma rzuca małą kulę na dwóch czarodziejów, która spada tuż obok nich i jest podnoszona przez Pippina. Gandalf natychmiast konfiskuje ją, ale hobbit ma obsesją na punkcie kuli i kradnie ją z powrotem pod osłoną nocy. Wpatrując się w jej głębię, widzi Oko Saurona, które próbuje wyciągnąć z niego informacje, fałszywie wierząc, że jest nosicielem pierścienia. Pippin pada nieprzytomny i zostaje uratowany dopiero dzięki interwencji Gandalfa.

W tym momencie Gandalf uświadamia sobie, że kula to *palantir*: rodzaj starożytnego artefaktu, który umożliwia jego użytkownikom komunikację na duże odległości, a jeden z nich został uszkodzony przez Saurona, aby mógł go użyć do kontrolowania wszystkich innych. Gandalf zdaje sobie sprawę, że w ten sposób Sauronowi udało się ostatecznie skorumpować Sarumana. Aby chronić Pippina, czarodziej postanawia zabrać go do warownego miasta Minas Tirith w królestwie Gondoru.

Podróż do Mordoru

Tymczasem Frodo i Sam kontynuują podróż w kierunku Mordoru, ale zostają zaatakowani przez Golluma, który jest zdeterminowany, aby odzyskać swój "Skarb", podczas przechodzenia przez wzgórza Emyn Muil. Jednak udaje im się go ujarzmić i sprawić, by obiecał, że będzie ich przewodnikiem. W tym momencie, Gollum zaczyna działać w sposób niezwykle służalczy wobec nich, co sprawia, że Frodo zaczyna ufać mu do pewnego stopnia, jednak Sam pozostaje nieufny. Gdy Gollum prowadzi ich przez Martwe Bagna, Frodo zaczyna czuć się coraz bardziej obciążony przez moc pierścienia, który nosi. Pewnej nocy Sam przyłapuje Golluma na kłótni z samym sobą o to, czy powinien zabić hobbitów. To pokazuje, że faktycznie ma rozdwojenie jaźni, która jest podzielona między Sméagola, jego oryginalną tożsamość, i Golluma, który jest ciemniejszą stroną jego osobowości, całkowicie opanowaną przez Pierścień.

Trio udaje się dotrzeć do Czarnej Bramy Mordoru, ale zdają sobie sprawę, że jest ona zbyt silnie strzeżona, by mogli przez nią przejść. Gollum sugeruje więc przejście przez przełęcz Cirith Ungol, która również prowadzi do Mordoru, jednak jest to trudniejsza trasa, gdyż przechodzi przez serię tuneli i jest przesłonięta wieżą. Na ich drodze do przełęczy, Gollum pozostawia Hobbitów na moment, aby poszukać żywności, a Frodo i Sam zostają odkryci przez grupę mężczyzn prowadzonych przez Faramir, brata Boromira. Faramir mówi im o śmierci Boromira i wyjaśnia, że Boromir chciał pomóc ich ojcu, który jest tylko Stewardem Gondoru, aby stać się królem. Faramir obiecuje jednak, że nie ulegnie pokusie Pierścienia tak jak jego brat, i że pozwoli dwóm hobbitom kontynuować drogę bez przeszkód następnego ranka – ale zanim hobbici odejdą, Faramir i jego ludzie odkrywają stworzenie łowiące ryby w świętym jeziorze. Zdając sobie sprawę, że stworzenie to nikt inny jak Gollum, Frodo błaga Faramira, aby oszczędził jego życie, ale ludzie Faramira mimo wszystko karzą Golluma surowo, co sprawia, że ten czuje się zdradzony przez Hobbitów. Faramir następnie wysyła ich w drogę, jednak ostrzega Hobbitów by nie ufali Gollumowi.

Zdrada Golluma

Przepowiednia Faramira okazuje się trafna, gdy Gollum prowadzi dwóch hobbitów do legowiska gigantycznego pająka o imieniu Shelob. Gollum atakuje Sama, podczas gdy pająk atakuje Frodo.. Samowi udaje się przegonić Golluma, ale kiedy wraca do Froda, drugi Hobbit wydaje się być martwy. Zżerany przez gniew, Sam atakuje Shelob i udaje mu się zranić pająka tak poważnie, że ten wycofuje się; następnie postanawia wziąć Pierścień, aby zakończyć misję Drużyny. Wkrótce potem, kilka Orków przechodzi przez tunel i podnosi ciało Frodo, więc Sam wykorzystuje moc Pierścienia, aby stać się niewidzialnym i śledzić ich- i dowiaduje się, że jego przyjaciel nie jest martwy, tylko otruty.

POWRÓT KRÓLA

Przyjazd do Gondoru

Gandalf i Pippin przybywają do Minas Tirith i prezentują się przed Denethor, Stewardem Gondoru, który został pochłonięty przez żal po śmierci swojego syna Boromira i uważa, że jego królestwo jest skazane na porażkę przez siły Mordoru, choć zgadza się zwołać swoje wojska. Pippin oferuje przejść do służby Denethora w celu zadośćuczynienia za utratę Boromira, a Denethor akceptuje. Faramir wraca do miasta i opowiada Gandalfowi i ojcu o swoim spotkaniu z Frodo. Denethor gani go ostro za jego decyzję, aby pozwolić Frodo iść zamiast wziąć pierścień siłą i przynieść go z powrotem do Gondoru, i daje jasno do zrozumienia, , że wolałby, aby to Faramir umarł zamiast brata.

Minas Tirith zostaje wtedy zaatakowane przez siły Mordoru, a Faramir po zranieniu w walce zostaje zabrany do ojca. Denethor całkowicie porzuca swoje stanowisko obrońcy miasta, by czuwać nad nim, a Gandalf przejmuje dowodzenie nad oddziałami. Właśnie wtedy, gdy wszystko wydaje się stracone, armie Rohanu przybywają w sile i fala bitwy zaczyna się obracać na korzyść Gondoru. Tymczasem Pippin zdaje sobie sprawę, że Denethor całkowicie oszalał i zamierza spalić Faramira żywcem jako ofiarę, jednak Pippin udaje się ostrzec Gandalfa w samą porę, a on i czarodziej są w stanie uratować Faramira. W tym momencie Denethor ujawnia, że ma *palantír,* co wyjaśnia jego szaleństwo, następnie podpala się.

Ostateczna bitwa

Tymczasem Aragorn zbiera siły, w tym innych Strażników Północy i synów Elronda, a ostatecznie postanawia udać się na Ścieżki Umarłych, gdzie będzie mógł zaciągnąć się na usługi armii nieumarłych widm, które złamały swoje przysięgi, by służyć królom Gondoru w bitwie, i które w związku z tym nie mogą znaleźć odpoczynku, dopóki nie wypełnią tych przysiąg w służbie spadkobiercy tych przeszłych królów. Legolas, Gimli i Strażnicy Północy postanawiają towarzyszyć mu na Ścieżkach Umarłych. Zanim wyruszą, Aragorn oznajmia, że spojrzał w *palantir*, ale był w stanie oprzeć się korumpującemu wpływowi Saurona, tym samym płosząc nekromantę i zmuszając go do walki: Sauron wysłał swoje armie do walki wcześniej, niż planował, i dlatego jego uwaga została odciągnięta od Nosiciela Pierścienia.

Théoden, król Rohanu, otrzymuje wezwanie o pomoc z Gondoru i przygotowuje się do jazdy do Minas Tirith. Merry, który wszedł do jego służby, chce dołączyć do reszty armii, ale Théoden nakazuje mu pozostać w Edoras, stolicy Rohanu, gdzie będzie bezpieczny. Młody rycerz proponuje jednak, że w tajemnicy przyprowadzi Merrego, a hobbit się zgadza.

Wkrótce po tym, jak armie Rohanu dołączają do bitwy, Théoden zostaje zabity przez przywódcę Nazgûlów, króla czarowników z Angmaru. Czarownik-król zostaje następnie wyzwany przez młodego rycerza, który przyniósł Merry na pole bitwy, ale nie traktuje tej groźby poważnie i chwali się, że zostało przepowiedziane, że nie może być zabity przez żadnego śmiertelnika. Jednak młody rycerz ujawnia, że nie jest człowiekiem: to Éowyn, siostrzenica Théodena, i z pomocą

Merry'ego udaje się jej zadać czarownikowi śmiertelny cios, choć zarówno ona, jak i hobbit są poważnie ranni w procesie. Fala bitwy przechyla się na korzyść wroga, a wojska Gondoru i ich sojusznicy są zmuszeni do wycofania się do miasta. Jednak w tym momencie przybywa Aragorn prowadzący armię umarłych, co wystarcza, by zapewnić Gondorowi zwycięstwo.

Po bitwie Aragorn pomaga leczyć rannych, w tym Éowyn, której obrażenia są niemal śmiertelne. Ocalali decydują się maszerować w kierunku Mordoru i naciskać ich atak nawet po tym, jak są witani przez wysłannika, który wydaje się oferować im dowody śmierci Froda. W trakcie walki, Sauron i jego królestwo zaczynają się zapadać, udowadniając, że nie tylko ten, który niósł pierścień nadal żyje, ale także, że właśnie udało mu się zrealizować jego misję. Gandalf następnie przywołuje orły, aby uratować hobbitów.

Poszukiwanie pierścienia dobiega końca

Tymczasem Sam kontynuuje poszukiwania Froda i zaczyna czuć prawdziwy ciężar Pierścienia. Udaje mu się zakraść do twierdzy Orków, gdzie odkrywa masakrę, jako, że Orkowie wybili się wzajemnie podczas kłótni o rzeczy Froda. Samowi udaje się uratować Froda, ale jest przerażony, gdy oddaje mu Pierścień, gdyż Frodo zaczyna mówić w sposób niemal przypominający Golluma, dowodząc tym samym, że wpływ Pierścienia na niego rośnie. Następnie przebierają się za Orków i kontynuują swoją podróż.

Frodo zostaje na krótko złapany w spojrzenie Oka Saurona, które czuwa nad całą krainą Mordoru z nad twierdzy nekromanty, i w efekcie pada nieprzytomny, co oznacza, że

Sam zmuszony jest go nieść. Niedługo potem zostają zaatakowani przez Golluma, który tropił ich od czasu spotkania z pająkiem. Świadomość, , że Gollum po raz kolejny próbuje ukraść Pierścień, daje Frodo zastrzyk nowej siły i pobudza go do wspinaczki, podczas gdy Sam odpiera ataki Gollum. Jednak Sam postanawia oszczędzić Golluma, bo dobrze rozumie jakie cierpienie Gollum znosił, po tym, jak sam przez chwilę nosił pierścień. Następnie dogania Froda, ale znajduje go całkowicie opętanego przez Pierścień. Frodo ma zamiar użyć mocy Pierścienia, aby uczynić się niewidzialnym, co pozwoliłoby mu uciec z nim i zachować go na zawsze, gdy Gollum nagle pojawia się i skacze na niego, zanim ten zniknie. Gollumowi udaje się odgryźć palec i wreszcie odzyskuje pierścień, rzucając się do lawy i znikając, zabierając pierścień ze sobą, aby zapewnić jego zniszczenie.

Powrót do Shire i odejście Froda

Wszyscy ocalali członkowie Bractwa Pierścienia łączą się ponownie w Minas Tirith. Aragorn zostaje koronowany na króla Gondoru i poślubia Elfkę Arwenę, która zdecydowała się zrezygnować ze swojego miejsca w Szarych Przystaniach (krainie, do której stopniowo migrują Elfy), aby mogła pozostać z nim. Oznacza to, że Frodo jest w stanie zająć tam jej miejsce. Drużyna następnie rozpada się i jego członkowie idą swoimi drogami, a kiedy hobbici wreszcie wracają do swojego domu w Shire, odkrywają, że Saruman i Gríma przejął kontrolę nad nim, wspomagany przez grupę bandytów. W odpowiedzi organizują powstanie, a Saruman zostaje ostatecznie zasztyletowany przez Grímę, który ma dość bycia źle traktowanym przez czarodzieja. Gríma zostaje następnie zabity przez hobbitów.

Pokój w końcu wraca do Shire, a Sam poślubia hobbitkę Rosie, z którą ma dużą rodzinę. Historia kończy się wiele lat później, z Frodo – który jest nadal nękany przez fizyczne i psychiczne blizny zadane mu podczas zadania, a więc czuje się nie na miejscu w tym nowym czasie pokoju – wsiadając na statek związany z Szarych Przystani, wraz z Gandalfem, Elrond i Galadriel, którzy byli nosicielami trzech pierścieni Elfów, które teraz straciły swoje uprawnienia.

STUDIUM POSTACI

DRUŻYNA PIERŚCIENIA

Frodo Baggins (Hobbit)

Frodo jest kuzynem Bilbo Bagginsa i jest opisywany jako nieco pulchny. Jak wszyscy hobbici, jest też bardzo niski: "Są bowiem małym ludem, mniejszym od krasnoludów: mniej krzepkim i krępym [...]. Ich wzrost jest zmienny, waha się między dwoma a czterema stopami naszej miary" (s. 2).

Frodo jest głównym bohaterem powieści, i jest wybrany do bycia nosicielem pierścienia, ponieważ Hobbity są bardziej odporne na jego destrukcyjny wpływ niż jakakolwiek inna rasa. Ta wytrwałość może być wyjaśniona przez fakt, że Hobbici cenią proste przyjemności ponad wszystko, i nie marzą o podboju ani bogactwie.

Frodo jest spokojniejszy i dojrzalszy od pozostałych hobbitów, doskonale zdaje sobie sprawę z tego, co przyniesie mu misja. Choć początkowo przeraża go odpowiedzialność za bycie nosicielem Pierścienia, ostatecznie akceptuje swoje przeznaczenie, bo wie, że jeśli tego nie zrobi, siły dobra nie będą w stanie zatriumfować nad złem. Kiedy Gandalf opowiada mu historię Golluma, ten wyraża wobec niego jedynie pogardę i nienawiść, ale kiedy faktycznie spotyka Golluma, Frodo jest poruszony jego tragicznym losem i okazuje mu wielką życzliwość i przebaczenie.

Frodo i inni hobbici, którzy dołączają do niego na jego poszukiwania stają się prawdziwymi bohaterami w trakcie ich podróży, i jak pokazano, odzyskują Shire z rąk Sarumana, bez konieczności pomocy od nikogo innego. Jednak Frodo ma niezatarte blizny przez jego przygody i nie czuje się już częścią Śródziemia w tej nowej erze pokoju. W rezultacie ostatecznie opuszcza swój własny świat, by udać się do Szarych Przystani.

Samwise Gamgee (Hobbit)

Sam jest ogrodnikiem Froda i jest wobec niego niezawodnie lojalny: pozostaje u boku Froda do samego końca jego wyprawy po zniszczenie Pierścienia. Ta lojalność daje mu siłę do dokonywania niesamowitych wyczynów, takich jak walka i ranienie olbrzymiego pająka Sheloba.

Sam mógłby być opisany jako bohater codzienny, ponieważ jest prostym człowiekiem, który nie pragnie niczego więcej niż spokojnego życia; jest jednak zdolny do wielkich czynów, gdy pojawia się niebezpieczeństwo. Z tego powodu niektórzy krytycy uważają go za prawdziwego bohatera *Władcy Pierścieni*.

Meriadoc Brandybuck (Hobbit)

Meriadoc, lepiej znany pod pseudonimem Merry, jest beztroskim młodym hobbitem o kręconych brązowych włosach. Chociaż jest mniej hałaśliwy niż Pippin, on również zyskuje wiele dojrzałości podczas poszukiwania pierścienia, a dwa z nich dokonać niezwykłych wyczynów, które pomagają zapewnić, że misja jest sukcesem.

Treebeard daje Merry i Pippin miksturę, która sprawia, że rosną, co czyni je najwyższe hobbity w Shire (choć nadal są tylko około czterech i pół stopy wysokości każdy).

Peregrin Took (Hobbit)

Peregrin, lepiej znany pod pseudonimem Pippin, jest jeszcze bardziej bezczelny niż Merry, który jest jego najlepszym przyjacielem i kuzynem. Jednak jest on niezwykle dobroduszny, a staje się znacznie bardziej dojrzały w trakcie opowieści, w końcu staje się prawdziwym bohaterem, zwłaszcza poprzez jego rolę w zapobieganiu przedwczesnej śmierci Faramira.

Gandalf Szary (Istari)

Na pierwszy rzut oka Gandalf, dzięki długiemu, siwemu płaszczowi i brodzie, wygląda jak nic nie znaczący starzec. Jednak różdżka, którą nosi, wskazuje na jego prawdziwą naturę: jest on w rzeczywistości jednym z Istari, którzy są rodzajem mniejszego anioła odpowiedzialnego za likwidację zła, które jest reprezentowane przez Saurona w powieści. Nabierał podejrzeń o naturze pierścienia Bilbo przez wiele lat, a ostatecznie po latach dochodzi do prawdy. Jest niezwykle kompetentny, a także ma ogromne magiczne moce, co oznacza, że Drużyna Pierścienia instynktownie postrzega go jako ich lidera.

Ginie podczas poszukiwania Pierścienia, ale reinkarnuje się z jeszcze większymi mocami, które czynią go równym Sarumanowi, który wcześniej był głową czarodziejów. Aby odzwierciedlić tę zmianę, Gandalf jest odtąd ubrany na biało, zamiast na szaro, i staje się znany jako Gandalf Biały.

Na samym końcu powieści okazuje się, że jest on posiadaczem jednego z trzech pierścieni Elfów.

Aragorn (Dúnadan)

Aragorn, znany również jako Strider, to wysoki mężczyzna o szczupłej twarzy i brązowych włosach, należący do Dúnadainów, rasy ludzi, których długość życia jest znacznie dłuższa niż zwykłych ludzi. Prowadzi niemal koczownicze życie, ale tak naprawdę jest ostatnim potomkiem królewskiej linii krwi, która niegdyś rządziła królestwem Gondoru. Jego przeznaczeniem jest zjednoczyć ludzkość i poprowadzić ją do walki z Sauronem, a następnie zapoczątkować nową erę dobrobytu dla wszystkich ludzkich królestw. Udaje mu się dokonać tych wyczynów, nigdy nie wykazując zewnętrznych oznak zwątpienia w swoje możliwości.

Zaprzyjaźnia się z Legolasem i Gimlim, którzy są jego dwoma najbliższymi towarzyszami w Bractwie. Jest naturalnym przywódcą, który jest odważny i pozornie bezczelny, ponieważ nigdy nie pokazuje otwarcie swojego żalu po śmierci Boromira. Jest zakochany w Elfce Arwenie i ostatecznie poślubia ją pod koniec powieści.

Legolas (Elf)

Legolas jest elfim księciem z lasu Mirkwood. W trakcie wyprawy nawiązuje prawdziwą przyjaźń z krasnoludem Gimlim, co jest dość nietypową relacją, gdyż Elfy i Krasnoludy są generalnie wrogo nastawione do siebie ze względu na głębokie różnice między tymi dwoma rasami.

Jak wszystkie Elfy, jest niezwykle piękny i ma wyraźny, przyjemny śmiech. Jest tak szybki, że może szybko poruszać się po każdym terenie, a jego zmysły wzroku i słuchu są o wiele bardziej wyostrzone niż u ludzi. Jako drzewny elf ma wielką sympatię do lasów, ale nie lubi podziemnych jaskiń, które Krasnoludy nazywają domem.

Gimli (krasnolud)

Gimli to krasnolud, który podczas przygody rozwija przyjaźń z elfem Legolasem. Jak wszystkie krasnoludy, Gimli jest niski, postawny i znacznie silniejszy niż człowiek, i jest przedstawiony jako odważna dusza, która lubi dobre jedzenie. Pełnię swojej odwagi demonstruje podążając za Aragornem do Doliny Umarłych, mimo że budzi to w nim ogromny strach. Nie lubi lasów, a pod ziemią czuje się bardziej komfortowo.

Boromir (człowiek)

Boromir jest opisywany jako niższy, ale bardziej fizycznie imponujący niż Aragorn. Jest synem Denethora, zarządcy Gondoru, i bratem Faramira. Jest dumny i impulsywny, a jego największym życzeniem jest, aby jego ojciec mógł się podnieść z pozycji regenta i zostać królem Gondoru. Jest zepsuty przez jego bliskość Pierścienia, który wykorzystuje tę słabość i zaszczepia mu coraz większe pragnienie, aby przynieść Pierścień z powrotem do Gondoru w celu wzmocnienia królestwa. Kulminacją tego jest próba odebrania Frodowi Pierścienia siłą, co powoduje rozbicie Drużyny Pierścienia. Jednak odpokutowuje swój błąd, poświęcając swoje życie w próbie ochrony Merry'ego i Pippina, co pokazuje, że ma szlachetnego ducha.

SOJUSZNICY DRUŻYNY

Bilbo Baggins (Hobbit)

Bilbo jest wujem Froda i przez wiele lat był nosicielem Pierścienia, co dało mu wyjątkowo długą żywotność. Dzięki magii Pierścienia, Bilbo wciąż wygląda jak młody człowiek. Jest dość odporny na moc artefaktu, ale mimo wszystko Gandalf musi użyć ogromnej siły perswazji, kosztuje aby przekonać go do oddania pierścienia Frodo, co dowodzi, jak silna jest moc pierścienia.

Tom Bombadil (duch natury)

Tom Bombadil to duch lasu, który jest tak stary jak sam świat, interesuje go tylko las i miłość jego życia, Złota Jagoda. Jest to jedyna postać w powieści, która jest całkowicie odporna na wpływ Pierścienia. Tom Bombadil reprezentuje naturę w całej jej okazałości.

Opisywany jest jako wyższy i postawny od hobbita, ale krótszy od człowieka. Ma rumianą cerę i jasne, brązowe oczy.

Elrond (Elf)

Elrond jest niezwykle starym Elfem. Ma ciemne włosy, a jego twarz opisywana jest jako wiekowa i posiada rodzaj majestatycznej gracji. Jest władcą Rivendell, ratuje Froda z rany zadanej mu przez Nazgûla. Przewodniczy radzie, która zostaje zwołana, by zadecydować o losie Pierścienia.

Arwena (Elf)

Arwena jest córką Elronda i daleką krewną Galadrieli. Mówi się, że jest najpiękniejsza ze wszystkich elfów i znana jest jako Gwiazda Wieczorna wśród swoich ludzi. Jest zaręczona z Aragornem i poślubia go, gdy ten zostaje koronowany na króla. Ma czarne włosy i jasną, bladą skórę.

Galadriela (Elf)

Galadriela, która opisywana jest jako niezwykle piękna kobieta o złotych włosach, jest jednym z najstarszych Elfów na świecie. Jest nosicielką jednego z trzech pierścieni elfów, który pozwala jej zapewnić bezpieczeństwo jej królestwa, Lothlórien. Podobnie jak Gandalf, jest kuszona przez Pierścień i deklaruje, że gdyby go posiadła, użyłaby go do obalenia Saurona i uczynienia siebie królową lepszego świata.

Éomer (człowiek)

Éomer jest bratankiem Théodena i bratem Éowyn. Jest niezwykle lojalny wobec swojego króla i zastępuje go po śmierci Théodena. Opisywany jest jako niezwykle wysoki i ma blade oczy.

Théoden (człowiek)

Théoden jest królem Rohanu i wujem Éomera i Éowyn. Jest bardzo osłabiony przez kłamstwa swojego skorumpowanego doradcy, Gríma Wormtongue, oraz przez śmierć swojego syna Théodreda, ale odzyskuje siły dzięki Gandalfowi. Zostaje zabity przez Witch-king of Angmar, przywódcę Nazgûlów, podczas bitwy na Polach Pelennoru. Jest archetypem silnego, sprawiedliwego króla, który bez obaw rusza do walki.

Ze względu na wpływ Grímy, gdy widzimy go po raz pierwszy, opisany jest jako starzec z długą brodą, białymi włosami i ramionami pochylonymi ze zmartwienia. Kiedy jednak odzyskuje zmysły, odzyskuje też władczą prezencję króla.

Éowyn (człowiek)

Éowyn jest siostrzenicą Théodena i siostrą Éomera. Jest niezwykle dumna, a konieczność obserwowania, jak jej wuj pogrąża się w coraz bardziej zaawansowanym stanie zniedołężnienia, odbija się na niej bardzo mocno. Nie boi się śmierci, a jedynie uwięzienia, gdyż Gríma wykorzystał jej cierpienie i bezradność wobec upadku wuja, by pozbawić ją nadziei. Choć początkowo ulega urokowi Aragorna, ten nie odwzajemnia jej uczuć z powodu miłości do elfki Arweny, a ona ostatecznie zakochuje się w Faramirze.

Choć Théoden próbuje zmusić ją do pozostania w tyle, gdy prowadzi siły Rohanu do walki, ignoruje ten rozkaz: zamiast tego przebiera się za młodego rycerza i pomaga Merry'emu dołączyć do armii w tajemnicy. Jej odwaga okazuje się kluczowa dla zapewnienia zwycięstwa sojuszników, ponieważ zadaje śmiertelny cios przywódcy sił Saurona, Witch-king of Angmar, który żaden inny człowiek na całym polu bitwy nie byłby w stanie zrobić, jak to zostało przepowiedziane, że żaden śmiertelnik nigdy nie będzie w stanie go zabić.

Treebeard (Ent)

Treebeard to Ent, czyli żywe drzewo, które służy jako swoisty obrońca lasów. Przypomina drzewo o ludzkiej sylwetce i ma długą brodę. Jak wszyscy członkowie jego rasy, wszystko robi bardzo powoli. Jednak zbrodnie Sarumana i śmierć innego Enta pobudzają go i jego krewnych do szaleńczej furii, gdy przyłączają się do ataku na Isengard. Treebeard reprezentuje dzikość natury, która kontrastuje z destrukcyjną industrializacją reprezentowaną przez Sarumana.

Faramir (człowiek)

Faramir jest młodszym synem Denethora, szafarza Gondoru, i bratem Boromira, z którym dzieli bardzo podobną budowę ciała. Wychowywany był przez Gandalfa, który wpoił mu wiele cierpliwości i mądrości, co czyni go przeciwieństwem impulsywnego, wojowniczego brata. Bardzo boli go jawne faworyzowanie brata przez ojca, choć w żaden sposób nie umniejsza to jego miłości do Boromira.

Mimo że Faramir jest kuszony przez Pierścień, udaje mu się oprzeć jego porywom, ponieważ jest świadomy, że zamieniłby go w tyrana, mimo jego dobrych intencji. Ta siła charakteru stawia go ponad szeregiem zwykłych ludzi. Zakochuje się w Éowyn i poślubia ją pod koniec powieści.

Gollum (skorumpowany Hobbit)

Gollum rozpoczął swoje życie jako hobbit o imieniu Sméagol, jednak jego życie zmieniło się nieodwracalnie w dniu, w którym wraz ze swoim przyjacielem Dégolem znalazł Pierścień na dnie jeziora. W rezultacie został wygnany przez swoich krewnych i wycofał się, by żyć jako pustelnik w jaskini, gdzie zepsucie Pierścienia spustoszyło jego ciało i zmieniło go w potworną istotę.

Mimo że został opętany przez Pierścień, zachowuje kilka śladów dawnego siebie, co daje mu rodzaj rozdwojenia osobowości. Ostatecznie zdradza Froda i Sama, ale historia mimo wszystko daje do zrozumienia, że bez niego wyprawa zakończyłaby się niepowodzeniem. Jest to postać niezwykle niejednoznaczna, gdyż w trakcie powieści pomaga siłom zarówno dobra, jak i zła. Jego charakter pokazuje również niezwykłe znaczenie litości. Gollum uosabia pełną moc korumpującej siły Pierścienia, ponieważ jest zredukowany do niczego więcej niż potwór z odrażającym wyglądem fizycznym, który odzwierciedla zepsucie jego duszy.

Denethor (człowiek)

Denethor jest zarządcą Gondoru i ojcem Boromira i Faramira. Jest opisywany jako imponujący człowiek, który emanuje autorytetem, i pokazuje jawne preferencje dla swojego starszego syna, Boromira, którego sam wychował i który dlatego jest bardziej podobny do niego, podczas gdy Faramir został wychowany przez Gandalfa. Po spojrzeniu w *palantir popada* w obłęd.

WROGOWIE DRUŻYNY

Sauron (Maia)

Sauron to niezwykle potężna istota i główny antagonista *Władcy Pierścieni*. Na długo przed rozpoczęciem opowieści stworzył szereg potężnych pierścieni. Jego fizyczna postać została zniszczona wiele lat temu, ale jego duch trzyma się życia i przybrał formę gigantycznego płonącego oka, które unosi się nad jego fortecą w krainie Mordor. Stopniowo udało mu się odbudować swoje armie, co pozwala mu przypuścić atak na Gondor, podczas gdy jego sojusznik, Saruman, uderza na Rohan. Udaje mu się również skorumpować *palantiry* i nagiąć tych, którzy w nie patrzą (czyli Sarumana i Denethora) do swojej woli.

Mimo niezwykłej potęgi Saurona, ma on pewną słabość: nie potrafi sobie wyobrazić, że ktoś, kto posiada Pierścień, chciałby go po prostu zniszczyć, a nie wykorzystać do własnych celów. Sauron jest wcieleniem zła absolutnego, a ziemie, którymi włada, są jałowe i wyludnione.

Nazgûlowie (skorumpowani ludzie)

Tych dziewięciu sług Saurona było kiedyś ludzkimi królami, ale ostatecznie zostali skorumpowani przez swoje pierścienie. Noszą kaptury, aby ukryć fakt, że w miejscu, gdzie powinny znajdować się ich twarze, jest tylko pustka. Potrafią wyczuć obecność Pierścienia, zwłaszcza gdy jest noszony, dlatego zostają wysłani, by wytropić i ścigać nosiciela Pierścienia, najpierw na koniach, a potem na skrzydlatych potworach. Przewodzi im Wiedźma-Król Angmaru, która ostatecznie zostaje zabita przez Éowyn, a pozostałych ośmiu Nazgûli zostaje zniszczonych wraz z Pierścieniem.

Saruman Biały (Istari)

Saruman jest najpotężniejszym z Istari. Podobnie jak Gandalf, ma wygląd starca i jest całkowicie ubrany w jeden kolor; w przypadku Sarumana jest to kolor biały, aby wskazać jego wyższą rangę (w dalszej części powieści Gandalf zostaje podniesiony do tej samej rangi). Choć jego pierwotnym celem było oczyszczenie świata z takiego zła jak Sauron, to żądza władzy sprawia, że Saruman wierzy, iż może użyć *palantiru* do pokonania Saurona. Jednak okazuje się, że jest odwrotnie i Saruman nieświadomie staje się jedną z marionetek Saurona.

Saruman ma również wielką siłę perswazji. Gandalf wielokrotnie ratuje mu życie, ale Saruman nie chce się zmienić i ten upór prowadzi go do haniebnego końca z rąk jego sługi Grímy Wormtongue'a, który ma dość bycia źle traktowanym przez swojego pana. Tolkien wykorzystuje również postać Sarumana do krytyki masowej industrializacji, której się zdecydowanie sprzeciwiał, gdyż Saruman przekształca żyzny kraj w jałową równinę, budując w swojej twierdzy gargantuiczne kuźnie. To rozwścieca Entów i popycha ich do ataku na czarodzieja, niszcząc jego fortecę i rujnując jego plany podboju świata.

Gríma Wormtongue (człowiek)

Gríma Wormtongue pochodzi z Rohanu i jest opisywany jako niski, blady mężczyzna. Po wstąpieniu na służbę Sarumana zostaje doradcą króla Théodena, co umożliwia mu zatrucie umysłu króla poprzez szeptanie mu do ucha słów swojego prawdziwego pana. Pożąda też Éowyn i znęca się nad nią psychicznie. Podobnie jak Saruman, odmawia zmiany postępowania, gdy daje mu się szansę, co dowodzi, że w sercu jest nikczemny.

ANALIZA

GENEZA "*WŁADCY PIERŚCIENI*

W liście do swojego redaktora Miltona Waldmana (1895-1976), Tolkien wyjaśnił niektóre z inspiracji stojących za jego twórczością:

> "Ale tym istotom, które w języku angielskim nazywam myląco Elfami, przypisane są dwa pokrewne języki bardziej prawie kompletne, […]. Ale równie podstawową moją pasją *ab initio* był mit (nie alegoria!) i baśń, a przede wszystkim legenda heroiczna na pograniczu baśni i historii, […]. Ponadto – i tu mam nadzieję, że nie zabrzmię absurdalnie – od wczesnych lat bolała mnie bieda mojego ukochanego kraju […]. Proszę się nie śmiać! Ale pewnego razu (mój herb już dawno opadł) miałem zamiar stworzyć korpus mniej lub bardziej powiązanych legend, […] które mógłbym zadedykować po prostu: Anglii; mojemu krajowi." (Carpenter i Tolkien, 1981: s. 143-144)

Jak Tolkien wyjaśnia szczegółowo w pełnym liście, tworzenie fikcyjnych języków było jedną z jego pasji i zaczął tworzyć języki Quenya (którym posługują się Wysokie Elfy Śródziemia) i Sindarin (którym posługują się Szare Elfy), zanim jeszcze zaczął pisać swoje powieści. Następnie stworzył języki, którymi posługują się wszystkie inne rasy Śródziemia. Biorąc pod uwagę, że Tolkien był również biegłym lingwistą, wszystkie te języki mają w pełni funkcjonalną strukturę.

Drugą motywacją Tolkiena było stworzenie mitu założycielskiego, który uważał za godny swojego rodzinnego kraju – Anglii. Oznacza to, że choć *Władca Pierścieni* może być czytany jako samodzielna powieść, nie sposób w pełni zrozumieć wszystkich jego odniesień do szerszego mitu Śródziemia bez przeczytania *Silmarillionu,* który został wydany pośmiertnie w 1977 roku i zawiera niezwykle szczegółowy opis mitu założycielskiego uniwersum stworzonego przez Tolkiena.

WPŁYWY I INSPIRACJE

Pisząc *Władcę Pierścieni*, Tolkien czerpał wiele inspiracji z norweskich sag, takich jak *Kalevala,* zbiór fińskiej poezji epickiej skompilowany przez Eliasa Lönnrota (fińskiego filologa, 1802-1884) w 1835 roku, czy *Beowulf,* staroangielski poemat epicki pochodzący z VIII-X wieku. Rzeczywiście, *Władca Pierścieni* wykazuje wiele cech eposu: dobro kontra zło, archetypiczne postacie, silna obecność magii, fantastyczne stworzenia i heroiczne wyczyny.

Motyw wyjątkowo potężnego pierścienia, zdolnego do zepsucia każdego, kto go nosi, jest również bardzo podobny do *Der Ring des Nibelungen* ("Pierścień Nibelunga", 1876), opery Richarda Wagnera (niemiecki kompozytor, 1813-1883), która opowiada historię podobnie potężnego pierścienia należącego do Nibelungów, rasy krasnoludów ze średniowiecznej germańskiej legendy. Tolkien zaprzeczył jednak, jakoby istniał jakikolwiek związek między tymi dwoma dziełami. Warto również zauważyć, że motyw magicznego pierścienia, który obdarza swojego nosiciela mocą niewidzialności, jest częstym motywem w literaturze.

◉ ROLA POEZJI WE "WŁADCY PIERŚCIENI

Władca Pierścieni zawiera wiele wierszy i pieśni, które są recytowane lub śpiewane przez bohaterów opowieści. Ta silna obecność poezji w powieści sprawia, że jej bohaterowie wydają się jeszcze bardziej podobni do postaci z eposu, tworząc jednocześnie niezwykłą mieszankę gatunków.

INTERPRETACJA OPOWIEŚCI

Tolkien zawsze stanowczo twierdził, że *Władca Pierścieni* nie powinien być interpretowany jako alegoria, gdyż żywił szczególną niechęć do alegorycznych opowieści. Deklaracja ta miała przede wszystkim zdusić przekonanie, że Wojna o Pierścień miała przedstawiać II wojnę światową (1939-1945), gdyż w tym czasie Tolkien pisał powieść. Autor przyznał jednak, że mrok tego okresu mógł wpłynąć na ton jego pisarstwa.

Niemniej jednak, rozpatrywanie *Władcy Pierścieni z* perspektywy chrześcijańskiej może być interesujące, ponieważ nawet jeśli nie ma wyraźnych powiązań między treścią powieści a religiami świata rzeczywistego, historia często gloryfikuje te same wartości, które wyznaje chrześcijaństwo, w tym współczucie dla wrogów i słabszych od siebie oraz walkę dobra ze złem. Powieść analizuje również związek między śmiercią a pragnieniem nieśmiertelności poprzez motywy Pierścienia (który jest w stanie przedłużyć życie jednostki), quasi-nieśmiertelności Elfów oraz podróży do Szarych Przystani, które są przedstawione jako rodzaj raju.

MIEJSCE *WŁADCY PIERŚCIENI* W TWÓRCZOŚCI TOLKIENA

Chronologicznie, *Władca Pierścieni* działa jako kontynuacja wcześniejszej powieści Tolkiena *Hobbit*, który opowiada historię hobbita o imieniu Bilbo Baggins, który wyrusza na przygodę, w towarzystwie Gandalfa i spółki 13 krasnoludów, aby wyzwolić Krasnoludzkie miasto Erebor od tyranii smoka Smauga. W trakcie tej wyprawy Bilbo spotyka Golluma i kradnie mu Pierścień, co stanowi narracyjny punkt wyjścia dla *Władcy Pierścieni*. *Hobbit* różni się jednak znacznie od *Władcy Pierścieni* tonem, gdyż bliżej mu do powieści dla dzieci niż eposu. Tolkien w jednym z listów opisał swoje dzieło w następujący sposób:

> "Moja praca wymknęła się spod kontroli i stworzyłem potwora: niezmiernie długi, złożony, raczej gorzki i bardzo przerażający romans, zupełnie nie nadający się dla dzieci (jeśli nadający się dla kogokolwiek); i tak naprawdę nie jest to sequel *The Hobbit,* ale *The Silmarillion*." (Carpenter i Tolkien, 2005: s. 136)

W związku z tym istnieje również silny związek między *Władcą Pierścieni* a *Silmarillionem*, który został wydany pośmiertnie w 1977 roku i składa się z serii krótkich opowiadań, które rozszerzają powiązania *między Hobbitem* a *Władcą Pierścieni, a także* rozbudowują mit fikcyjnego uniwersum Tolkiena. Na przykład, opisuje jak powstał świat i ustanawia hierarchię bogów i czarodziejów.

W sumie można powiedzieć, że *Władca Pierścieni* zajmuje centralne miejsce w dorobku Tolkiena, gdyż jest jednym z najważniejszych wątków w ogromnym fabularnym gobelinie, który utkał.

KRYTYCZNY ODBIÓR I SPUŚCIZNA

Kiedy *Władca Pierścieni* został wydany po raz pierwszy, spotkał się ze stosunkowo słabym przyjęciem. Jednak w drugiej połowie XX wieku powieść zyskała miano kultowej, zwłaszcza wśród amerykańskich studentów, i stopniowo zaczęła być postrzegana jako kamień milowy literatury fantasy. Do dziś cieszy się taką sławą. Niektórzy krytycy, m.in. Fernandez (2002), twierdzą jednak, że popularność powieści, a także całego gatunku fantasy, zaczęła słabnąć przed premierą pierwszej części filmowej adaptacji powieści w 2001 roku, która na nowo rozbudziła zainteresowanie publiczności.

Władca Pierścieni miał duży wpływ na rozwój współczesnej high fantasy i często jest uważany za dzieło założycielskie tego gatunku. High fantasy jest gatunkiem literackim, w którym historie rozgrywają się w fikcyjnym uniwersum, co odróżnia go od low fantasy, w którym nadprzyrodzone wydarzenia mają miejsce w naszym świecie. Zarówno high fantasy jak i low fantasy różnią się również od science fiction, które jest bardziej futurystyczne i skupia się na technologii, podczas gdy fantasy jest bardziej zorientowane na magię i zjawiska nadprzyrodzone. Jednak te gatunki w pewnym stopniu się pokrywają i często są grupowane razem pod szyldem spekulatywnej fikcji.

Wpływ *Władcy Pierścieni* i całego uniwersum Tolkiena jest więc wciąż odczuwalny w wielu obszarach. Po pierwsze, porównywano do niego wiele nowszych dzieł literatury fantastycznej, w tym *cykl Inheritance* (2003-2011) Christophera Paoliniego (amerykański pisarz, ur. 1983), który również próbował stworzyć całe fikcyjne uniwersum z własną geografią, językami i rasami (w tym elfami i krasnoludami, które są bardzo podobne do tych z dzieła Tolkiena). Podobnie bestsellerowa seria *Shannara* autorstwa Terry'ego Brooksa (amerykański autor, ur. 1944) była krytykowana za silne podobieństwo do twórczości Tolkiena.

Najbardziej znaną filmową adaptację *Władcy Pierścieni* wyreżyserował Peter Jackson (nowozelandzki reżyser i producent, urodzony w 1961 roku). Adaptacja ta przybrała formę trylogii filmów, odpowiadających trzem tomom powieści: Drużyna Pierścienia (2001), Dwie Wieże *(*2002) i Powrót Króla (2003). Główna różnica między powieścią a adaptacją filmową polega na tym, że o ile powieść podzielona jest na części, które skupiają się wyłącznie na przygodach jednej grupy bohaterów (zwłaszcza w drugim i trzecim tomie), o tyle filmy często przecinają się między poszczególnymi postaciami, nie porzucając na długo żadnej z historii. Ponadto w filmie bardziej widoczne są postacie kobiece i bitwy.

Wiele grup muzycznych również czerpało inspirację z twórczości Tolkiena, w tym fińska grupa heavy metalowa BattleLore, która często odnosi się do świata Tolkiena w tekstach swoich piosenek. Wielu innych artystów również w bardziej odosobniony sposób nawiązywało do twórczości Tolkiena: na przykład niemiecki zespół power metalowy Blind Guardian wydał w 1998 roku album oparty na *The Silmarillion* zatytułowany *Nightfall in Middle-Earth,* a szwedzki zespół power metalowy Sabaton w utworze "Shadows" inspirował się Nazgûlami.

Ponadto popularna gra fabularna *Dungeons and Dragons* zawiera rasy, które były silnie inspirowane twórczością

Tolkiena, a w ostatnich latach wydano wiele gier wideo opartych na serii. Oprócz gier bezpośrednio opartych na filmowych adaptacjach powieści, inne gry, takie jak *The Lord of the Rings: The Third Age* (2004), *The Lord of the Rings Online* (2007) i *Middle-earth: Shadow of Mordor* (2014) również zostały wyprodukowane.

DALSZA REFLEKSJA

KILKA PYTAŃ DO PRZEMYŚLENIA...

- Zróbcie listę różnych właściwości Pierścienia. W jaki sposób odzwierciedlają one jego ambiwalencję?

- Wiele postaci w powieści deklaruje, co zrobiłoby lub chciałoby zrobić, gdyby posiadało Pierścień. Zrób listę ich różnych motywacji: co je łączy? Jak te motywacje zmieniłyby te postacie, gdyby posiadały Pierścień? Podobnie, co ostatecznie odróżnia Boromira od jego brata Faramira?

- Przeczytaj poniższy fragment książki Drużyna Pierścienia, w którym Frodo i Gandalf rozmawiają o Gollumie i o tym, że Bilbo kiedyś oszczędził mu życie:

> "'Przykro mi' – powiedział Frodo. [...] 'Nie mogę cię zrozumieć. Czy chcesz powiedzieć, że ty, i Elfy, pozwoliliście mu żyć dalej po tych wszystkich strasznych czynach? Teraz w każdym razie jest tak samo zły jak Ork, a tylko wrogiem. Zasługuje na śmierć. 'Zasługuje! Śmiem twierdzić, że tak. Wielu, którzy żyją, zasługuje na śmierć. A niektórzy, którzy umierają, zasługują na życie. Czy możesz im je dać? Więc nie bądź zbyt chętny do wydawania wyroków śmierci. Bo nawet najmądrzejsi nie widzą wszystkich końców. Nie mam wielkiej nadziei, że Gollum może zostać wyleczony przed śmiercią, ale jest na to szansa. A on jest związany z losem Pierścienia. Moje serce mówi mi, że ma on jeszcze jakąś rolę do odegrania, na dobre lub złe, przed końcem; a kiedy ten nadejdzie, litość Bilbo może rządzić losem wielu – twoim nie mniej." (p. 78)

  - Jak narracja ostatecznie udowadnia, że Gandalf ma rację?

  - Czy uczucia Froda zmieniają się po spotkaniu z Gollumem? Jeśli tak, to w jaki sposób? Jak sądzicie, dlaczego tak się dzieje?

- Sam nie ufa Gollumowi, ale jego postawa zmienia się po tym, jak na krótki czas staje się nosicielem Pierścienia. Jak można opisać tę zmianę i co jest jej przyczyną?

- Dwie inne postacie są wielokrotnie oszczędzane przez Gandalfa w trakcie opowieści. Kim oni są i jaki jest ich los na końcu powieści?

- Na podstawie poprzednich przykładów, jak myślisz, jakie przesłanie chciał przekazać Tolkien?

• Szare Przystanie są opisane jako zielone brzegi, do których można dotrzeć tylko płynąc przez długi odcinek wody, i tylko przez Elfy lub osoby zaproszone przez Elfa.

- W jakich innych tradycjach literackich i mitologicznych pojawia się motyw przekraczania zbiornika wodnego w celu dotarcia do innego świata?

- W świetle chrześcijańskiej wiary Tolkiena, co można by interpretować jako symbol Szarych Przystani?

- Jakie są zalety podróży do Szarych Przystani zamiast pozostania w Śródziemiu?

• Kiedy Sam ratuje Froda, pełniąc jednocześnie rolę nosiciela Pierścienia, pokazuje, dlaczego hobbici są bardziej odporni na przynętę Pierścienia niż inne rasy. Na czym polega ten powód? Do jakiej wartości chrześcijańskiej można go porównać?

• Ponownie przeczytaj opisy twierdz Saurona i Sarumana. Co łączy te dwie lokalizacje? Czym różnią się od opisów Tolkiena dotyczących Shire, Rivendell i Lothlórien?

DALSZE CZYTANIE

WYDANIA ŹRÓDŁOWE

Tolkien, J. R. R. (2009) *The Lord of the Rings: The Fellowship of the Ring*. London: HarperCollins.

Tolkien, J. R. R. (2009) *Władca Pierścieni: The Two Towers*. London: HarperCollins.

Tolkien, J. R. R. (2009) *The Lord of the Rings: The Return of the King*. London: HarperCollins.

BADANIA REFERENCYJNE

Bouttier-Couqueberg, C. (2002) *Clés pour le* Seigneur des Anneaux *de J.R.R. Tolkien*. Paris: Pocket.

Carpenter, H. and Tolkien, C. (1981) *Letters of J. R. R. Tolkien: A Selection*. London: HarperCollins.

Fernandez, I. (2002) *Et si on parlait du* Seigneur des Anneaux. Paris: Presses de la Renaissance.

Labbé, D. i Millet, G. (2003) *Étude sur John Ronald Reuel Tolkien : Le Seigneur des Anneaux*. Paris: Ellipses.

ADAPTACJE

The Lord of the Rings: The Fellowship of the Ring. (2001) [Film]. Peter Jackson. Dyr. Nowa Zelandia: New Line Cinema.

Władca Pierścieni: Dwie Wieże. (2002) [Film]. Peter Jackson. Dyr. Nowa Zelandia: New Line Cinema.

Władca Pierścieni: Powrót Króla. (2003) [Film]. Peter Jackson. Dyr. Nowa Zelandia: New Line Cinema.

Chcemy usłyszeć od Ciebie, co się dzieje!
Zostaw komentarz na temat swojej internetowej biblioteki
i podziel się swoimi ulubionymi książkami w mediach społecznościowych!

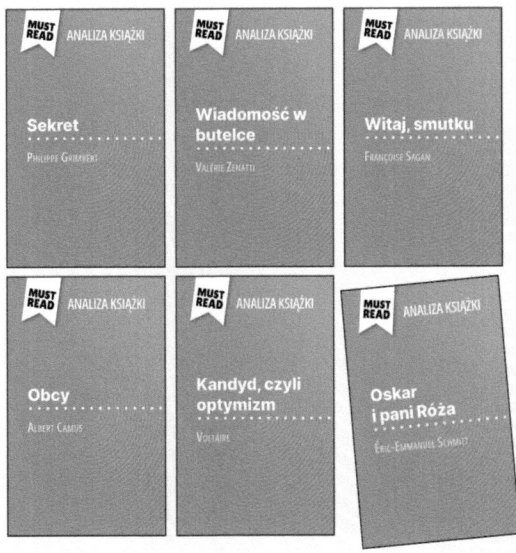

www.50minutes.com

Master ISBN: 9782808694605
Papierowy ISBN: 9782808616003
Depozyt prawny: D/2023/12603/1880

Verhaal: © Primento

Projekt cyfrowy: Primento, cyfrowy partner wydawców.